Lulëzim Tafa

I KAM EDHE DY FJALË
-Poezi-

Botues
SH.B Faik Konica
Prishtinë

Redaktor
Ali Podrimja

Recensentë
Ibrahim Berisha
Rrahman Paçarizi

Ballina
Besfort Mehmeti

LULËZIM TAFA

I KAM EDHE DY FJALË

-Poezi-

Shtëpia Botuese
FAIK KONICA
Prishtinë
2012

CIKLI I PARË
KE FJETUR NËN HËNË

KOHËT

Vetëm thonjtë mbeten thonj
Ditë e nesërme na sill diçka të re
Se me të vjetrën u përgjakëm.

KALI NË SHI

Sa pika të rrahën atë ditë
Tek ia behnin shitës të tjerë
Rrushaxhinj a bostanxhinj
Për t'i ndërruar fatet.
Ai e shihte qiellin
Dielli s'e ka ndërmend të perëndojë
As sot
Se shiu do të ndalet një ditë
Një ditë, po se po.
Dhe thonë se shiu s'e tret kalin
Kalin që regjet në shi e teret në puhi
KALIN PA EMËR
PA FRE
PA ZOT
KALIN E LAGUR NË SHI.

KE FJETUR NËN HËNË

A s'të dhimbsem
Dielli t'i vrau sytë athua
Ke fjetur nën hijen e hënës
Dhe pa dashur të futa në këngë

Pse qan?
Sytë s'dhimbsen a
Do të vij në ëndrrën tënde
Dhe do ta harroj udhën e kthimit

Nga vaji i lig
Nga ëndrra e zezë
Të lutem mos qaj
A s'të dhimbsem unë vogëlushe

TË DIELAVE MOS MË THIRR MË

Të dielave mos më thirr më
Mund të mos zgjohem
Përjetë të rri në gjumin e vdekjes

Mos i harro çastet e ngrira
Veç të dielës zgjidhe ditën tënde

Për ty kur të vdes
Pas shtatë bjeshkësh të ta gjej emrin
Ah, si nuk vjen ditëve të tjera.

TEUTË

Sonte të thërras Teutë
Të vemi në pijetore Helmi
Që gjuha jote nxjerr

Sytë i ke lajmëtarë të akullt
Në degën e thyer
 të fatit cub

Teutë
Ty të përulen perënditë

NESËR

A do të ulemi prapë Teutë
Në karriget e drunjta
Gotat e qelqta t'i cakërrojmë
Si fatet si zemrat.

Sërish do të ulemi
Kujtimet t'i bartim
t'i lexojmë vargjet
e natës së shkuar

M'i jep sytë ta shoh diellin
Si bien yjet
Qielli si bie

Do të ulemi sërish Teutë
t'i rrëfejmë ëndrrat
e natës së shkuar
syhapur të na gjejë mëngjesi

Sërish do të ulemi
në karriget e drunjta
kujdes Teutë
nga Jeta
nga Vdekja

FYTYRËN TA MBAJ MEND

Fytyrën ta mbaj mend
Gjakun lotngrirë
 mbi mua

Gjuhën ta kujtoj
Gjarpër helmzi
Fatin ma mbështjell

Kur ti fle
Unë zgjohem
e rri me kujtimin tënd

QYTETI I LASHTË

Puhi e lehtë e akullt fryn
Qytetit të lashtë era ia shkund qepallat

Nuk jam i marr të të dua
Qytet i lashtë i dashurisë së parë

Me shuplakë rrugët t'i masim
qytet i lashtë pa kështjellë guri

që ecën si ora.

NATË E LEHTË ME SHI

Natë e lehtë me shi
heshtja e qytetit vret
stinët e vonuara
udhëtarin e vonuar
në qytetin e lagur.

Natë e lehtë me shi
udhëtari i vetmuar
në qytetin e lagur
sonte vë kurorë

Natë e lehtë me shi
mos i zhduk gjurmët e mia
në qytetin me erë gjaku.

NESER DO TË BJERË SHI

S'do të shihemi nesër
Shi do të bjerë
E diel është
Do të flemë një shekull

S'e di
Dielli a do të lindë
A do të shihemi
Pas shiut me diell.

Nesër do të bjerë shi
Do të falem ty
Syve tu
Fatkeqësisë së zotave.

S'e di a qan zoti
A bie shi
S'do të shihemi nesër
Shi do të bjerë.

Nesër do të vdesim të dy.

NË MUNGESËN TONË

(Shokët e klasës)

Ne nuk jemi më
Njëri vdiq
Tjetrin e vrau ushtria
Disa në mërgim
Sa shumë u pakuam
Për një ditë.

(Shoqet e Klasës)

Disa i presin trenat e zi
Disa u bënë nuse mërgimtarësh
E shkuan me vaje.

Vetëm njëra u ndal
Te dera e klasës shkurtoi flokët
Dha shenjë se ne
Do të harrohemi.

(1989)

DORËHEQJE

Po deshe
merre krehrin
Natën krihe
si rrospinë
Ngjyrosi thonjtë

POETËT

Kur zemërohen zotat
Lindin poetët.
Në të parën shenjë jete
Ngrihen kundër zotit të vet.
Protestojnë.
Kur rriten
Bëhen çapkënë.
Shpërndajnë afishe
Kundër vetvetes
Si demonstruesit nëpër qytet.
"Fëmija i tepërt i secilës nënë
bëhet poet"

KUR TË VDES

Kurë të vdes
Mos qaj e dashur
Të kam tradhtuar
Me çupat e planetit tjetër.

Kur të vdes mos qaj motër
E ngas gjokun e Gjergjit
Me bajlozë deti.

Kur të vdes mos qaj nënë
Veç jepu gji
Këtyre
Metaforave
të pikëlluara
Si mua dikur...

TEORIA E SHPJEGIMIT
TË ËNDRRAVE

Nëse e ke parë ëndërr Gjarprin
Dikush ta ka kafshuar lojën.

Nëse ke parë ëndërr lirinë
Dikush tallet me robërinë tënde.

Nëse ke parë ëndërr sytë e mi
Dikush të ka mashtruar.

Të kam thënë kryeneçe
Të kam thënë
Mos fli.
Se ëndrrat ta nxjerrin
Dashurinë për hunde.

CIKLI I DYTË
KËNGË TË TMERRSHME

VDEKJA CON FJALË

Unë do të vritem në këtë luftë
Për secilën sumbull
Të xhamadanit
Do ta marr nga një plumb
Dhe secila pikë gjaku
Do të bëhet sumbull
Në këmisha dhe xhamadanë
Të ushtarëve e kapedanëve
të mi.

(1997)

KËNGË TË TMERRSHME

Mo' zot e liga
E çohen e vijnë
I presim me gjoks
Qafën ua shtrijmë.
Mo' zot e liga
E vijnë pa le dita
Gjerdanin me plumba
E brezin me thika
Mo' zot e liga
E sulen pa tutë
Mbi qafat e urta
Mbi gjokset e butë.
Mo' zot e liga
E çohen e vijnë
Mo' zot e liga
Ja po vijnë.

(1999)

TË FUQISHMIT

I.

Ia mësynë Kosovës
Ata të fuqishmit,
me autoblinda moderne
me veshje
e koka
antiplumb.

Me përkrahje
Kombëtare e
qiellore.
Masakra ishte e ligjshme
Mbështetur në nenin 1
Për vrasjen e të gjithë shqiptarëve.

II.

Ishin vrasësit më humanë
Lavdi
vranë pa dallim
Burra
Gra
Fëmijë...
Vrisnin dhe këndonin,

o zot!
Zoti u ndihmonte.
Zotin
ua vraftë
Zoti.

     (1999)

LUFTËTARËT

Edhe mbrëmë
S'shtiva gjumë në sy
A kanë bukë
për sonte more
barot për nesër.

(1998)

ATAMOSFERË LUFTE

Në Kosovë atë ditë
U shtrenjtua buka
Vaji
Mielli
Sall jetës i ra
Çmimi
Vdekje
 kishte me bollëk.

(1998)

VJEDHËSIT E LULËKUQEVE

Jo pse u derdh gjaku
Jo pse fëmijëve
Mollët gjyle në faqe.

Po pse gjaku
Rrodhi
E njeriun
Lulëkuq
E këputi dikush.

PAGËZIMET

Mos i pagëzoni fëmijët
Mërgim
Urtak
Durim
Se na mbeten malet
Pa Bajram Curra.

(1994)

MOTIV

Edhe fëmija i parë
që lindi këtë verë
u pagëzua Durim,
e mua
përditë po më thahen
frutat në rrem.
Mirë që s'është
Gjysh gjallë.
Shkoi, si thonë,
me mall
të mollës së kuqe.

(1994)

NE

S'bëmë gjë tjetër
Veshëm
E zhveshëm
Metafora

Veshëm
E zhveshëm
Lisa
Lëkura

Me qefin
Binjakë
E filiza.

Harruam atdheun
Të qefintin,
Të dashurin
Të bukurin.

REPORTAZH I LUFTËS SË SHENJTË

Ne robërit e luftës ikim përpjetë
S'e dimë ku jemi nisur
As ku arrijmë për dritë
Ata na ndjekin na vunë në rreth
Ata me këpucë e dhëmbë të hekurt lufte
Ne të zbathur të uritur të parruar
Një javë të palarë me flokë të telta
Fije-fije shpirtin, përtypim zhgënjimin
Pështymë copat e fatit të përgjakur
E droçka të gjalla na janë ngjitur gjuhës
Ato flasin ne heshtim, biem në rreth
më në fund ngremë duart lart, i dorëzohemi
ujkut
biem në mëshirën e tij,
të dhëmbëve të syrit të tij të shqyer
sytë tanë rriten
tre dhunuesi i rrinë sipër një gruaje
ç'betejë e pabarabartë e fatit
para syve tanë porno e gjallë shfaqet
mund ta shohin edhe fëmijët e mitur
që gjenden në rresht, krejtësisht ftohtë rrimë
ereksion i seksit s'na nxitet dot, na kaplon

ereksion i vdekjes
e mjera ti o grua e mirë, më në fund
 mish i gjallë e thua, shpëtuam, u zgjuam
lufta kishte shkuar në tjetër jetë
dhe trimat e malit me flet

TERRITORET E LIRA

Ishin territoret e lira
Dhe ishim ne
Dita e gjatë dhe e lumtur
Ne putheshim nën një mollë
Papritmas filluan me raketa
Territoret e lira
I bënë territore të shkreta
Të shkretë u bëmë edhe ne
Tani athua
Kush puthet atje
Nën atë të shkretën mollë.

(1998)

TRI DITË SHQIPNI

Nashtë.
Edhe n'e bëfshin shkrumb e hi
Gjatë njerëzit
do të bëjnë be
në ato tri ditë Shqipni.

(1998)

RAPORT NGA KOSOVA 1999

Këtu nuk shkelen të drejtat
Dhe liritë e njeriut
Këtu shkelen vetëm kokat.

CILI I TRETË
KAÇAKÇE

DASHURI KAÇAKËSH

Vetë më ftove
Pastaj alarmove
Desh më vrave.
Hoqa alltinë nga brezi
Ti shpatën ma fute në sy
Derisa duart e mia
Rrëmbyen topthat tu
E pëlciti shtëpia.
Më ftove vetë
E më preve n'besë
Pse kështu
E bukur moj,
E dashur,
sa mizore

AJKUNA

Nën dritën e hënës e zë Ajkunën
Tu' i nxjerr grigjës tamblin
Ajkunë
Ç'bën ti me grigjën
Do të bëj unë me ty
Uh qyqja unë për kopenë tha
Tu' kujtu' se i kish rënë
Ujku n'qafë.

BARITORE

Ru'
Gabon
 e kallzon
Ajkunë
Se të ka vra
Cubi
në zemër
Se të ka mbërri
Mollë
e buzë
Ru'
Gabon e
Kallzon
Ajkunë

LOJRA

Unë hedh guralecë
Në fushë të minuar
Dhe...
Symbylluraz kërkoj
Kokërrzën e ullirit në ty.
Kënaqem kur s'e gjej.
Kur e gjej vjell ëmbël
Më kapin dridhmat
Ik më mirë nga unë
Ajkunë
Se po u zumë ne
Do të zihen kopilat.

LUFTË

Ajkunës i kishin rënë
Në gjurmë
Se po i jepte cubit gji
Andaj ia dogjën shtëpinë.
Nga dritarja ku ma bënte me dorë
Doli tym i zi.
Po unë s'isha më
komit i dashurisë
me pushkë në sy
nga togu
i vëzhgimit
mes kaçubash
shikoja me habi

NDARJE E PASHPJEGUESHME

Ti nuk më ke më
As unë nuk të kam ty.
Të kam kujtuar burrneshë
Ajkunë
Ç'është ai lot në sy.

KUNDËRVËZHGIM

Rri, rri e ulur Ajkuna
Mbështetur për malli
Dhe shikon, vështron
A vëzhgon kah mali?
Mendtë i ka lidhë me shami
Sonte do të ketë
sulm mbi ty,
Ajkunë,
mos ke merak
se do të jem
gueril i saktë.

MOSMIRËNJOHJE

Ani
Ajkunë
Veç kishin me t'pre
Mos t'kish qenë Komita.

PËRMBYSJA

Ajkuna e la kopenë
i la
Çorapet ne tel
U bë hakere
E theu passwordin tim
Dhe kur e pa
si tradhtojnë trimat
Litar as lis
Kund nuk gjeti.
Derisa një ditë
papritmas
U shfaq e bukur
në ekran
Teksa reklamonte kondomët
E kompanisë
"My Love"

CILI I KATËRT
PARODI TË ZEZA

PARODI E ZEZË

Kreshnikët
Muji e Halili
Zbritur u kanë kuajve dhe hipur janë
Në xhipa të zi
Haraçin e mbledhin nëpër qytet.
Në shtëpinë publike
të një krshniku me zë
Brahim Hallaqi
çon dashuri
Me një rrospi
Natën kurohet nga sida
Në spitalin Privat të
Gjergj Elez Alisë.
Unë Kreshniku i ri
Çoj dorën në allti
Desh vras një hafi
Eu po ç'u terën
 në Gaz
Qorr Ilaz.

KRYETRIMI

Heroin e kishin rrethuar
Nga të gjitha anët
E ai ngujuar në kullë
Më një rrospë
Bënte seks
I dëshpëruar thellë
Nga historia
Që s'do ta kapë kurrë
Lahuta as çiftelia

MOTIVI

Azemi çartej në beteja
 kur Shotës i vinin të gëzuemet.
Thonë se keq
Tytë
 e pushkës
 i zihej

ALTARI

(Poetit Havzi Nela)
Një Gjykatë me juridiksion
E shpalli fajtor dhe e dënoi
 me vdekje, varje në litar, pastaj
rexhje të lëkurës, në diell
piktorin
që pati guxim ta pikturojë
Një njeri të madh , të ulur
 në at senin e kalit.
Reaguan grupe homoseksualësh,
 Nekrofilësh , pedofilësh, zoofilësh,
 Parti të dala
 nga paqja, nga lufta.
Parlamenti i Evropës
i Ugandës
i Kosovës,
Lidhja e shkrimtarëve
artistëve , gazetarëve
Por Gjykata nuk u tërhoq
nga litari,
as piktori
nga altari.

NAMA

Qentë e hangshin
Këtë atdhe
Që për s'gjalli
Na futi në dhe.

DËSHPRIM

Çika potureshë shkurtu'
i ka flokët
dhe tani e keqe
 shkon te kroni
kurrë s'iu terën aty sy
qysh kur i tha një mik
Hasan Aga është bërë Gay
ka një të dashur në UNMIK

UJI

Ka me hupë krejt
As një ngërçamë
Për sahat t'dekës
Me u gjetë.
Asnjë pikë
Me stërpikë
Zjarm i xhehenemit
Kush ka
Me t'fikë.

TAKSAT

Shpejtë do të na vënë taksë
Për ëndrrat
Për buzëqeshjet
Sa mirë që nuk
I takson
Dhembjet
Shteti human

QENI I MINISTRIT

Ai shëtit me të
 çdo mbrëmje
Në shesh.
Njerëzit i përshëndesin të dy
Kur ministri e luan kokën
Ai luan me bisht
Ai leh, kur ai mërrolet
Sa mirë merren vesh
Qenisht e njerëzisht
Njëkohësisht.

CIKLI I KATËRT
VETËMEVETI

KUR U ÇMEND BARDHI

Kur u çmend Bardhi
S'iknin njerëzit prej tij
Ikte ai nga ata
Shante shtet e pushtet
I bëhej se këndonte
Një gjel
Në pikë nate.
Ruana Zot
Gjelit të keq që rren.
U thoshte njerëzve
Shporruni!
Erë korbi ju vjen.
Kur luajti Bardhi
Vajta ta shoh
A qe çmendur
Njëmend?!

VETËMEVETI

(Bardhit, Bardh Zezës)
Vështirë
Por, duhet forcë
kaja Nanën
Dielli të është afruar,
Vapa të djegë
E ti duhet
kaja Nanën.
Ato që s'janë nuk vijnë kurrë.
Këto që janë nuk mjaftojnë
Nuk je i sigurt
Nëse zoti është me ty, e
Njerëzit të janë hedhur në qafë
Edhe pushteti

Vështirë
Por duhet
 eh
kaja nanën

QARI

Me u çu e me vra
Shqiptarin ma t'mirë
Është dëm
S'është qari
Me u kthye
e me vra
ma t'keqin
prapë është dëm
s'është qari
dikujt ka
me ia lu
at nanë
qari prej bishti.

PUBLIKU

Ata që ulen në
Rreshtin e parë
Si zakonisht lypin
..nanën
Kurrë gjë s'marrin vesh
Nga arti
Pjesa tjetër është
Korrekte
Shkëlqen si dukati

NORMA

Kush e vret një
armik për luftë
ka të drejtë
t'i vrasë
dhjetë shqiptarë
në paqe
Paqe është kjo
Pasha krytë

ATDHETARËT

E duan shumë
atdheun
Ia puthin dheun
Pastaj i bëjnë be
Në gur e rrasa
Pastaj,
Mos vet
Se plasa

TË PARËT

Po ju trimat
Pse nuk i ftuat
A bëhet dasma me dreqën
Kund
Ulemaja
do lu' nanën
Se s'ka me këtë trung.

PRETENDIM I MADH

Ymyt asht
Se kem me e qitë
të gjallë
Në tabut
pikëllimin
dhe udhëtarit
 prej dorës
me ja heq
Bohçet plot dhimtë.

EPITAF

Nuk shkruhet dot
Një varg
Ç'sëmundje muzave
U solli lira
Nanën bre ja qifsha
Si vdiq
poezia

CILKLI I PESTË
EKSPOZITË ME ËNDRRA

VASHA E DUKAGJINIT

Ti nuk i përngjan mëngjesit
As jorgovanit syçelë.
E kthjellët je
Më e kthjellët se loti
Se ujë i Drinit
të bardhë
Se ujë i Drinit
të zi
Se vesa
Se pika e shiut.
E shenjtë je
Më e shenjtë
 se ura e shenjtë
Se Rozafa
Se motra e Gjergj Elez Alisë
E bukur je
Më e bukur
se vasha e përrallave
Kristal je
Kristal ke syrin
Filigranët të qesin nëpër unaza

Djemtë e ri
Përpara pasqyrës
e vrasin veten
Asgjë s'të përngjan
 më shumë se lulëkuqja
vashë e dukagjinit
ruaju hënës përgjysmë
dhe shamizezave
shëngjergjave kur ta lidhin
 gërshetin.

PARANDJENJAT

Janë meteorologë
Të saktë
Të fatit.
Parashikojnë temperaturën
E gjakut
E të dhembjes për nesër.
Për bubullimat dhe dridhjet
Shtatë shkallë të Merkalit në zemër
Për pikat e shiut
E të mallit
Për puthje
Sa pak puthje.

QERSHIZË

Ti më shumë
 se secila
pemë në kopshte
ke qershi
në sy
në buzë
në gji.

IDILË

Sapo të pashë
Më mbetën sytë
Në sytë tu
Më mbetën buzët
Në buzët tua
I tëri
mbeta në ty
E tëra
mbete në mua.

NJË VJESHTË NË SHKODËR

Shkodra është plotë dashuri
(Këngë popullore)

Vjeshta asht plotë shnet
Shkodra ashtë plotë vjeshtë
Sa dashni të madhe ka Shkodra
E ne zihemi për një pjeshkë.

ULQINAKE

Dehem sapo të kujtoj
Ulqinake
Topolake
Kokërrza ulliri
Kishe në sy
Dhe në majë të gjinjve.
Atë natë
Flokëgjatë
Afshi sillte vapë
Dhe me gjuhë
Topzat t'i ngacmoj
Shije e jetës
Kokërrzë ulliri moj.

NANA

Të gjitha fajet i ka ajo
Vetë më ka mësue
Me i thanë
Nanë
në gege.
Tash po thonë
 mos me i thanë
Ma nanë
Në gjuhën
e keqe.
E mua
 po më vjen ranë
Mos me i thanë,
Se s'ka
ma amël
se nanë

LAMENT

(Azem Shkrelit)

Poeti s'i vinte kurrë
Pikë vargut
Por kur u mbush
Mall mërgimtarësh një ditë
Ajo pikë i ra në zemër.
U ngut
Se desh me vdekjen
të ateronte
Në Kosovë
Dhe nga sot
Vdekja u bë
Lirikë e bukur
Poeti nuk vdiq
Veçse i ra pika
E vargjeve në zemër.

SHIU I SHENJTË

Për qytetet, gurët, tokat djerrina
Për fushat e cofëtinës, qentë e murrmë e kuaj
të verbër
Për njerëzit, trenat e zi përplot
Për livadhet e kosës, për hasmët e prerë me
kosë
Me gurë mezhdash në gurë varri.
Për përmendoret xheloze
Për heronjtë e mjegullës.
Për Mekën shqiptare,
Vatikanin,
pelegrinazhin e ri
Për matrapazët, profetët e urryer
Për teatrin, hënën memece, zotin vetjak.
Për shoqatën e shkrimtarëve, për poetët,
policët armiq
Për Teutën, azilantët, dashuritë e harruara
Redaktorët invalidë, gazetat, gënjeshtrat
Për shtëpitë publike
kopilët
Prostitutat

Për mëkatet e përjargura për dëshmitë
Në dreq të mallkuar
janë
Njëmijë e njëqind arsye pse
Më në fund ai shi
I shenjtë
Do të bjerë.

THIRRJA E DYTË PËR SHIUN E SHENJTË

Për ëndrrën, fatin, fytin e prerë
Për shijen e shijshme të mishit të gjallë
Për akullin, zjarrin, ujin e valë
Për tabutet, arkivolet e mbushura mall
Për gjakun, lirinë, robërinë në kashelashë
Për plumbat e pëllumbat në kallashë
Për nënat, shamitë, valixhet plot dhimbje
Për trimat, mburravecët e lirinë pa lidhje
Për ndryshkun e zemrave të ndara në tresh
Për tutorët, pëshpëritësit e zotit në vesh
Për heronjtë e gjallë, kreshnikët e dëshpëruar
Për lëkurën me zgjebe, fytyrën e shëmtuar
Për shiun sherr që s'fillon të bije
Për fantazmat hilexhinjtë nën hije
Për qefinin e bardhë të faqes së zezë
Për dhëmbin e prishur të bukurisë shpresë
Për dashurinë në lëkundje për Itakën e re
Për mua, për ty, për ne.

EROTIKË E LEHTË

Mban mend oj
Kur ishim
 Një
E të zhvishja
me sy
Ti askund
E unë
Mbi
Ty.
Dikur vonë
Na përziheshin
Gishtërinj dhe maja.

MOSMARRËVESHJE

Mollën i thashë
ma jep
Ajo m'i dha
mollët
Si qershi
u skuq,
E unë
u gjenda
në majë të saj
Në trung qershie.

TELEFONI

Cingëron fort trishtueshëm
Në mesëndërr
Në mesnatë
Telefoni i kaltër
Përmes telave i mban
Lidhjet e zemrave

DASHURI PA TELA

Ideja për wireless
Ka lindur
Nga dashuria
Se zemrat mbajnë
lidhje pa tela

EKSPOZITË ME ËNDRRA

Në galerinë e arteve
Së shpejti kam me e hap
Një Ekspozitë me ëndrra
Dhe keni me e pa
Si ka me i shky sytë
Njerëzimi
Dhe ka me lujt mendsh
Kritika

I KAM EDHE DY FJALË

Ngadalë,
Se i kam edhe dy fjalë
Dëshiroj t'i takoj vrasësit
Dhe t'i pyes
Pse na kanë vrarë

Prishtinë, Qershor 1999

Përmbajtja